AF337576

LETTRE

ADRESSÉE

A SA SAINTETÉ PIE IX

PAR

M. L'ABBÉ BRIÈRE
VICAIRE DE CHATEAUNEUF (EURE-ET-LOIR)

PRIX : 50 centimes.

PARIS
IMPRIMERIE BALITOUT, QUESTROY ET Cᵉ
7, RUE BAILLIF, ET RUE DE VALOIS, 18

1875

AVANT-PROPOS

L'impression et la publication de cette lettre ne sont point le fait de M. l'Abbé Brière, mais celui de plusieurs de ses amis avec lui convaincus de la légitimité de ses réclamations. Voici quelques détails préliminaires.

Dans une lettre officielle, en date du 21 janvier 1874, la Nonciature de Paris a reconnu qu'il y avait lieu ici à un jugement canonique, et que c'était à l'Évêché de Chartres de prononcer en première instance. — Les témoignages suivants viennent à l'appui de cette décision.

Paris, le 25 février 1874.

Monsieur l'Abbé,

Les idées que vous m'indiquez sont extrêmement intéressantes, non-seulement au point de vue spéculatif, mais aussi parce qu'elles s'appliquent dans ce qu'elles ont de plus vif aux questions sociales. Personne ne peut s'en désintéresser, à moins d'être indifférent à ce qui se passe en France et dans toute l'Europe. Les questions religieuses sont intimement liées aux questions politiques.

Je vous exprime de nouveau, monsieur l'Abbé, tout le plaisir que j'ai éprouvé à lire votre lettre, etc.

Un Membre du haut enseignement.

Paris, le 17 mars 1875.

Monsieur l'Abbé,

J'ai lu attentivement les idées fondamentales que vous m'avez fait l'honneur de me communiquer. La plupart m'ont paru profondément vraies. Je citerai notamment celles qui portent les numéros 1, 4, 5, 7. Sans être théologien, je crois pouvoir dire qu'il est parfaitement licite de les soutenir. Quant aux autres, je ne les critique pas, mais je récuse ma compétence.

Dans tous les cas je me plais à reconnaître que ces pensées dénotent un esprit profond et méditatif, ce dont je ne puis que vous féliciter, etc.

Un Journaliste chrétien.

Après avoir rapporté ces divers témoignages, nous sommes heureux d'ajouter que M. l'Abbé Brière a toujours édifié grandement, et qu'il continue d'édifier les fidèles par l'intérêt, la clarté, le caractère sérieux et pratique de ses instructions. — MM. les instituteurs portent un jugement analogue sur l'*Histoire de France* de M. l'Abbé.

Les Éditeurs.

Paris, 26 juillet 1875.

A SA SAINTETÉ PIE IX

Très Saint-Père,

> Je suis chrétien, je suis Français.
> (*Paroles de* Mgr Clausel de Montals.)

I

Prêtre du Diocèse de Chartres, j'ai l'honneur d'adresser la présente lettre à Votre Sainteté, ainsi qu'à Monseigneur lui-même, s'il n'y a pas indiscrétion dans mon fait (1), afin de sortir d'une situation depuis longtemps perplexe. Le but que je poursuis, c'est d'obtenir un jugement canonique, au sujet d'un ensemble d'idées religieuses intimement liées aux questions sociales. A mes yeux, il s'agit en même temps d'une affaire d'utilité publique.

Comme Votre Nonce, Très Saint-Père, me renvoie au jugement de l'autorité diocésaine, il est aisé de comprendre que, dans les circonstances présentes, je ne me risque pas à supporter les frais d'un voyage à Rome. Mais je suis prêt à entreprendre ce voyage, dès qu'il pourra me conduire à un sérieux résultat. Puisse le Dieu, qui promet tout au bon vouloir, prendre sous son égide mes réclamations et mes vœux !

(1) Une lettre pareille à celle-ci a déjà été envoyée de Châteauneuf à l'Évêché, il y a six semaines. Plusieurs autres l'avaient précédée.

On s'étonnera peut-être que j'aie permis à des amis charitables (1) de rendre ces vœux publics. Voici ma réponse :

Le recours au Saint-Siége est de droit commun ; et pour moi ce recours n'a de valeur que de la façon dont je le pratique. On peut m'en croire. Je le prouverai au besoin. Que faut-il voir au surplus dans la présente lettre ? Une explication relative à des faits devenus publics, et dont la voix, avec le temps, s'accentue de plus en plus. Enfin, comme il sera facile de s'en convaincre, l'injure n'est point ici dans mes paroles ; et je la tiens encore plus éloignée de mon âme, qui voudrait ne garder à Dieu et aux hommes qu'un seul souvenir, celui de leurs bienfaits, même cachés sous l'épine.

II

L'exposé de mes idées fondamentales, joint à cette missive, fera connaître à Votre Sainteté, Très bon Père, ce dont il peut être question. Ces prémisses n'ont pas été blâmées en haut lieu, et j'ai en outre acquis la certitude qu'il y a là matière à un sérieux examen. Si d'ailleurs l'énoncé de mes principes avait besoin de certaines rectifications, je serais tout disposé à accepter ces rectifications de la main de l'Église. Je m'adresse à elle comme à la mère des intelligences.

Quant au fond même de mes affaires, je n'en ai jamais permis, et, jusqu'à nouvel ordre, je n'en permettrai point l'impression, étant heureux de prouver ainsi que je ne cherche aucunement à semer l'ivraie dans le champ du Père de famille. La vérité, voilà mon but, et l'objet de mes constants désirs.

III

Qu'on veuille bien me permettre de donner quelques détails relatifs à mes précédents efforts. Ces détails sont nécessaires.

---

(1) Réflexion d'un Parisien : *Charitables* n'est pas le mot. Il suffit d'avoir du bon sens, pour voir que vous avez raison.

Après un premier voyage à Rome, en 1854, j'avais tout oublié, parce que mes aperçus, alors à l'état d'enfance, ne semblaient pas nés viables. Quoi d'étonnant?

Flumina pauca vides magnis e fontibus orta,
Plurima collectis multiplicantur aquis (1).

Quatre ans après, en 1858, des circonstances, que je pourrais ici rappeler, me ramenèrent à mes tendances primitives ; et c'est à partir de là que j'ai sollicité un jugement doctrinal. Ma demande d'aujourd'hui, Très Saint-Père, n'est donc pas seulement l'effort sans consistance d'une imagination capricieuse. Vous y verrez, au contraire, j'en ai l'espoir, un de ces jugements de la nature, que le temps confirme par son irréfragable sanction.

L'autorité diocésaine m'ayant laissé libre, en 1859, de lui exposer tout ce que j'avais sur l'esprit, je l'ai fait, durant le cours de plusieurs années, avec une entière confiance, en répandant mon âme comme de l'eau, d'après l'avis d'un saint prophète. Puis, ne recevant aucune réponse, je me déterminai, en 1865, à faire un second voyage à la Ville Éternelle. C'est alors que mon *Histoire de France,* honorée du suffrage de plusieurs Évêques, me fut déclarée irréprochable. On a pareillement approuvé, en faisant quelques corrections, un autre de mes travaux. Mais ce devait être là l'unique résultat de ces démarches. Les congrégations se trouvaient en vacances ; et je ne pus ainsi reparler de mes idées secrètes. A quoi eût servi, d'ailleurs, un nouvel exposé confidentiel? En pareil cas, tout ce qui n'est point public n'a aucune valeur. La publicité est le nerf des idées, comme l'argent est, dit-on, le nerf de la guerre.

A mon retour, usant d'une précaution que je pourrais expliquer à mon avantage, Sa Grandeur crut devoir me faire signer à son cabinet, sans témoin, ni procédure, une déclaration que

(1)   Un fleuve est rarement un géant à sa source,
        Il amasse plutôt et grandit dans sa course.

je tenais pour fausses mes affirmations principales. Dure nécessité pour moi. Néanmoins, aujourd'hui, je n'incrimine pas, à mon point de vue, l'obligation qui fut alors imposée à ma conscience. Le jet de l'esprit est comme ce grain de blé dont parle le Divin Maître ; il faut qu'il meure pour grandir. Cette salutaire étreinte me permit en effet de perfectionner mes quelques études ; et grâces soient à jamais rendues à la Divine Providence, qui a bien voulu me faire acquérir la connaissance élémentaire des principes généraux du droit. Dieu et l'homme, envisagés dans leurs rapports, m'apparurent sous un aspect nouveau. De là aussi des réminiscences forcées, de là des retours fatidiques vers mes idées précédentes, éclairs sans déplaisir pour mon œil qui fuyait leur sourire indiscret. Qu'à cette occasion l'Université veuille bien agréer mon respectueux et cordial hommage. Elle m'a tant aidé durant ces jours d'épreuve (1)!

Sept ans après, en 1872, l'autorité diocésaine, sur mes instances réitérées, me permit d'exposer de rechef mes élucubrations, ainsi revêtues d'une tout autre force, et de les présenter, soit au Saint-Siége, soit aux Évêques de mon choix. C'est à la faveur de cette liberté provisoire que j'ai pu recueillir des renseignements très précieux en France, en Angleterre, en Allemagne. Mais après bien d'autres, la Nonciature me fit savoir qu'il appartenait à l'Évêché seul de juger la chose en première instance. Grand embarras pour moi, on le conçoit aisément. Grande joie aussi, puisque, d'après la teneur de cette réponse, les forêts, objet de mes chants, ne sont pas indignes des consuls.

Suivant le conseil de Mgr Luciardi, j'ai fait là dessus mon

---

(1) J'ai subi à Paris trois examens de droit ; le quatrième était prêt, lorsqu'arriva la guerre de 1870. Après le troisième examen, M. le doyen me rencontra au secrétariat de l'École, et me reconnaissant, quoique je fusse alors simplement vêtu de mon costume ecclésiastique: *Comment, c'est vous?* me dit-il, *je vous félicite ; tout à l'heure je vous avais pris pour un vieux clerc d'avoué.* — En fait de grades, la possession d'un pareil mot vaut titre. (2279.)

rapport à Chartres, il y a six mois ; et, comme cet effort n'a pas encore été couronné de succès, je vous supplie, Très Saint-Père, de vouloir bien agir par les moyens que Votre suprême autorité jugera les plus efficaces. *La vostra bocca sana quel che tocca* (1).

Ma demande est-elle cette fois bien en règle ? Je l'ignore. Quoi qu'il en soit, daignez l'agréer, Très bon Père, avec mes précédentes démarches, comme un témoignage de ma foi persévérante. « Je vous offre mes biens, quoique très petits et très imparfaits, afin que vous puissiez rectifier, sanctifier le tout, et me conduire à une fin louable et heureuse (2) ».

<h3 style="text-align:center">IV</h3>

La vraie raison pour laquelle on ne m'accorde pas à Chartres un jugement doctrinal, c'est que l'autorité diocésaine ne voudrait prendre ici aucune initiative. Si d'autres m'avaient approuvé, rien de mieux. Personne, au contraire, ne s'offrant de bon gré, je devrais, a-t-on dit, m'en tenir là, vu ma précédente signature. Il m'importe donc de m'expliquer sur ce point.

Jusqu'à nouvel ordre je ne renie point mes engagements. Mais, comme le pensent avec moi plusieurs de mes bien-aimés confrères, comme les pierres elles-mêmes le crieraient, si ma voix était étouffée, les procédés suivis à mon égard, tout en pouvant avoir une utilité temporaire, ne sauraient être acceptés comme une solution définitive. A part les principes généraux du droit, l'Évêché lui-même a reconnu ce point par ses concessions de 1872 ; et de ce que ces concessions ont eu lieu, de bonne foi assurément, sous une condition qui n'est pas réalisable sans l'initiative de l'autorité, on aurait tort de conclure à

(1) Votre bouche guérit ce qu'elle touche.
(2) *Imit.*, liv. IV, chap. IX.

la rescision de l'acte précité. D'après la loi, il appartient au contraire à la justice et plus encore à la charité d'un évêque d'appliquer ici chrétiennement l'article 900 du Code civil (1), et de procurer à son inférieur les moyens d'arriver à une solution.

De plus, en proclamant que c'est à l'Ordinaire de juger en première instance, *in primâ saltem instantiâ,* la Nonciature n'at-elle pas eu manifestement en vue un jugement solennel? N'est-ce pas le sens obvie de ses paroles? Le malheur est qu'en France la procédure canonique est tombée en désuétude. Tandis que les jugements autrefois rendus par les assises chrétiennes brillent à nos yeux dans l'histoire comme transfigurés par l'éloignement, il semble que notre sort à nous, êtres chétifs, soit de vivre écrasés sous le poids des faits sans honneur et sans vertu. Puissent venir de meilleurs jours!

Un dernier mot, et ce sera, je crois, le verdict du bon sens. Que la réponse à mes communications de 1859 se soit fait attendre, je ne m'en plains pas. Mais ces communications, antérieures aux complications survenues depuis, me donnaient droit à une décision juridique. C'est là ce que je réclame aujourd'hui. Persister à ne pas me répondre, ce serait soutenir que, pour dépouiller un homme de ses biens, il suffit de l'amener à se donner des torts; et loin de s'en tenir à cette politique, à jamais condamnée par le livre de la Sagesse, le gouvernement ecclésiastique est et sera toujours, j'en suis sûr, l'honnêteté, la paternité suprême.

V

Veuillez, Très bon Père, ne point envisager mes réflexions comme étant le fruit de cette humaine colère, qui ne saurait opérer le bien. Ma raison, autant que ma foi, accepte avec amour, de la main de Dieu, le salutaire, le vivifiant calice de l'épreuve ; et, pour que la légitimité de mes réclamations soit

(1) D'après cet article, lorsqu'une donation est faite sous une condition impossible, cette condition est annulée, et la donation subsiste.

mieux comprise encore, quelques autres détails sont indispensables.

Il est bien vrai qu'en 1865, pour dégager sa responsabilité, l'Évêché de Chartres tint à m'accorder la liberté de sortir du diocèse. J'ai profité moi-même de cette liberté pour faire mon second voyage de Rome, et c'était là en effet toute l'utilité que je pusse alors en tirer. Mais voici d'autres faits antérieurs au fait en question.

Il y a une douzaine d'années, Monseigneur me dit un jour à son cabinet : *Toute réflexion faite, je vous engage à quitter le diocèse; et vous pouvez compter sur les renseignements les plus flatteurs.* Conformément à cet avis, pour entrer aussi dans l'esprit des conseils évangéliques (Marc, X, 29), je me suis adressé, en effet, à deux congrégations religieuses successivement. Or, qu'est-il advenu ? C'est que, par suite d'un changement de dispositions, dont je me tiens honoré, l'Évêché n'a pas favorisé mon projet. Tant s'en faut, et le ciel en soit béni, puisque ces obstacles me rattachaient au beau diocèse de Chartres, à mes souvenirs d'enfance, à l'Archevêché de Paris, à tout ce qui est pour moi poésie et amour.

Ces détails serviront à prouver, je l'espère, que je n'ai point cherché à prolonger une lutte interminable, sans issue, et que tout en semblant repousser mes pensées, Monseigneur y a toujours attaché de l'importance. Voilà la vérité vraie.

VI

Il ne m'en coûte point d'avouer, Très bon Père, qu'à travers ces mille complications, le trouble d'esprit, dont il est plus facile de médire que de se garer, a pu me dominer parfois, et m'entraîner à de fausses démarches. Quoi qu'il en soit, je suis, grâce à Dieu, au poste de l'obéissance; et plein de cet espoir que la divine bonté me procurera un jour l'honneur et surtout le plaisir de reprendre notre entretien de 1854, ainsi que ma longue conversation politique avec Mgr Antonelli, en 1865, je supplie Votre Sainteté de vouloir bien agréer pour Elle-Même, pour le Sacré Collége, l'Épiscopat catholique, et mes supérieurs immédiats, l'hommage bien meurtri, mais toujours vivace, de mon profond et filial respect. Hommage enfin, souvenir du cœur à Monsieur l'Abbé d'Hulst, vicaire général de Paris, pour l'exquise délicatesse de ses procédés.

Qu'ai-je dit pourtant? La terre, si longtemps insensible à mes pleurs, la terre, qui croit peu à la parole du faible (1), la terre ne continuera-t-elle pas à m'opposer un silence de mort et l'âpreté de ses oublieux dédains? Ah! s'il en était ainsi, je m'élancerais aussitôt vers les cieux, pour appuyer sur toute leur étendue la solennelle affirmation de mon droit. Plus d'un proteste ici-bas contre la violence, l'iniquité, l'oppression. Eh bien! moi aussi, je protesterais au pôle opposé; j'en appellerais à l'éternelle justice, à cette miséricordieuse équité dont elle s'est fait une cuirasse, à Dieu, qui ne ment pas. Je protesterais comme le silence des harpes d'Israël protestait à Babylone contre la captivité des âmes, comme a protesté le sang des martyrs sous l'horrible pied de Néron, comme nous entendons enfin protester cette grande voix de l'univers, dont l'invincible énergie appelle et prophétise le règne de la vérité.

Mais, vous le savez, ô Cœur-Sacré de Jésus-Christ, Dieu d'amour, il m'est dur, il m'est impossible de haïr. Daignez donc, je vous en conjure par Marie et sa Mère, daignez changer les élancements de ma raison protestante en chants de joie catholique, en extase de reconnaissance, en un éternel hosanna.

L'Abbé BRIÈRE.

Châteauneuf, 26 juillet 1875, fête de Sainte-Anne.

---

(1) Salluste : *Scio parum fidei miseris esse.*

IDÉES FONDAMENTALES

1° Ce principe, d'après lequel on doit interpréter la Sainte-Écriture suivant la tradition et les Pères, ne signifie point qu'on ne saurait découvrir des sens nouveaux dans l'Écriture. Il peut y avoir progrès dans l'exégèse. Si, d'un côté, les protestants s'égarent, de l'autre, les catholiques s'endorment en se bornant à constater les sens admis jusqu'à ce jour.

2° Quoique toute l'Écriture soit divinement révélée, on ne doit pas attacher la même valeur aux textes qui expriment l'amour, et à ceux qui expriment la colère ou des menaces. Les premiers seuls ont une valeur absolue. En effet : 1° Dieu a souvent rétracté ses menaces, et jamais ses promesses. Voyez-le au Paradis terrestre; il rétracte dans son sens principal la parole : *Tu mourras de mort*; mais rien, absolument rien, ne le fait revenir sur la promesse du Messie ; 2° L'Église applique cette règle, en permettant le prêt à intérêt, malgré les textes les plus formels; 3° Tous les attributs de Dieu sont absolus ; mais leur manifestation dans le temps est subordonnée à une manifestation supérieure de la miséricorde : *Miserationes Domini super omnia opera ejus.* (Voir la fable : *Jupiter et les tonnerres.*)

> Le Parisien : Citez donc, je vous prie, le mot principal. — Le voici : *Tout père frappe à côté.* Mot sublime et incompris.

3° De même que, dans la nature, la réalité surpasse de beaucoup la première vue, de même, et *à fortiori*, en est-il ainsi des textes de l'Écriture, généralement parlant. En voyant le soleil, que voyez-vous? Où le voyez-vous? Vous voyez un disque de feu à l'étroit diamètre, placé à deux kilomètres de votre œil. Qu'est-il? Où est-il? Ce n'est pas à moi de vous l'apprendre.

> Un ministre protestant d'Allemagne, en appréciant mes idées très favorablement, a surtout été ravi de ce point de vue. D'après ce savant, c'est sur ce terrain qu'il faut chercher à rétablir l'union des cœurs. — GOTTLOB.

4° La théologie classique, celle de Bouvier, par exemple, laisse trop croire que la vérité chrétienne a brillé sur le monde comme d'un seul jet. Le fond de la croyance catholique a toujours été le même. Néanmoins, chacun de nos dogmes a eu son développement. — De plus, outre les vérités traditionnelles, Dieu a déposé dans les Écritures d'autres vérités cachées, qui ne devaient briller que plus tard. (Voir Daniel, à la fin, et l'Apocalypse.)

> Le Parisien : Parfait. Est-ce que l'Immaculée-Conception ne pourrait pas vous servir ici? — Sans doute.

5° C'est présenter la religion de Jésus-Christ sous un faux jour que de la faire envisager *exclusivement* comme une complexion de vérités définies. De même que le ciel, tout en comprenant des points déterminés, est un espace incommensurable, de même la religion, tout en comprenant les dogmes, est, dans son essence, une vérité d'amour supérieure aux dogmes positifs. — (Voir l'Eccl. chap. I, et l'Évangile de saint Jean.) Que définit saint Jean ? Presque rien.

> Le Parisien : Il me semble avoir vu cela dans les écrits de Fénelon.— Ce qui est certain, c'est que cette vérité radieuse s'y montre comme un bouton de rose, qui attend du fécond avenir un plus ample développement.

6° Pour avoir la vérité catholique tout entière, il faut sans doute envisager les traditions sacrées ; mais l'élément profane ne doit pas être exclu. — Sous l'ancienne loi, les plus grands des prophètes étaient laïcs. — Méditer aussi la grande prière de Salomon, après l'inauguration du temple, 3° liv. des Rois, VIII, 41. — Les théologiens rangent bien parmi les lieux théologiques l'autorité des philosophes et des historiens ; mais ils en tiennent trop peu compte. — Outre la révélation surnaturelle et proprement dite, on voit dans l'histoire comme une révélation naturelle et permanente de la divinité par les progrès de l'esprit humain. — Ces deux révélations ne peuvent pas être contraires, comme le dernier Concile du Vatican l'a si bien expliqué.

7° Quand on dit que Dieu a tout créé pour sa gloire, cela doit s'entendre assurément de la gloire qui reviendra à Dieu de l'obéissance et des hommages des créatures par Jésus-Christ son Fils. Mais cela doit s'entendre bien plus encore de la gloire que Dieu veut acquérir par l'effusion de ses bienfaits. (Voir saint Jean, XIV, 13.)— Interrogez aussi la conscience humaine. Quelle est l'idée intime d'un père? Le bonheur de ses enfants.

> Le Parisien : A la bonne heure, car s'il fallait en croire vos théologiens, il y aurait moins d'affection dans le cœur de Dieu que dans celui des Pères d'ici-bas. — Il y a lieu de s'expliquer sur ce point.

8° L'amour de Dieu, principe des opérations *ad extrà,* n'est pas seulement un amour conforme à la loi, mais un miracle d'amour au-dessus de toute loi. Ce n'est pas là une phrase de rhéteur : c'est une stricte vérité. A part tout détail, il est dit : *Deus charitas est,* Dieu est amour. Or, qu'est-ce que l'essence de l'amour ? Une violation de la loi (*Imit.,* liv. III, chap. v). Donc, si par la force de sa projection dans le temps, l'amour divin tend à l'accomplissement des lois, il tend plus encore à la violation de ces mêmes lois (1). Cet amour libre et souverain n'est pas un polygone fatalement inscrit à un cercle.

Le Parisien : *L'Amour est une violation de la loi,* dites-vous. Voilà une pensée au-delà. — Telles sont les pensées divines. (Isaïe, LV, 9.)

9° Depuis le péché originel, l'action providentielle de Dieu sur l'humanité est progressive, suivant une ligne de A en B, A étant donné comme la force, B comme l'amour. — Comparez dans leur ensemble le christianisme et le judaïsme, vous me comprendrez.— Étudiez aussi dans Chardon l'Histoire de la Pénitence publique. — Étudiez dans Justinien les Progrès du Droit romain, vous retrouverez partout le même fait. — Enfin, à travers ses nébuleuses, Hégel a entrevu, en le défigurant, ce mouvement progressif de l'action divine, mouvement auquel correspondent les progrès de la pensée humaine, comme une sublime parallèle tracée dans un même plan.

10° Les effets de la Rédemption doivent être aussi universels que ceux du péché d'origine : *De même que tous les hommes ont été perdus par Adam,* nous dit saint Paul, *de même ils seront sauvés par Jésus-Christ.* (*Ep. aux Rom.,* c. v, à la fin). Quoi de plus formel ? — En outre, Jésus-Christ n'a pas limité sa volonté d'amour pour l'application de ses mérites. Le but de ma religion, disait-il à ses Apôtres, c'est que mon Père vous accorde tout ce que vous demanderez. (Saint Jean, XV, 16.) — Toute idée de limitation se trouve ici parfaitement exclue. L'objet est au foyer, l'image est à l'infini, dans le sens le plus réel de ce mot.

11° Les sacrements sont pour nous sans doute les canaux originaires de la grâce. Mais le moyen suprême établi par Jésus-Christ, pour procurer l'efficacité de ses mérites, c'est la simple foi de l'homme, ou, en style plus moderne, l'action de la volonté humaine appuyée sur

---

(1) Exemple : En établissant la loi judaïque, Dieu en voulait l'accomplissement, et néanmoins sa pensée intime était que cette loi serait un jour abrogée. La religion chrétienne contient quelque chose d'analogue EN ELLE-MÊME, et je souligne ces mots en voulant dire que le christianisme est éternel. Rien ne le remplacera.

la foi. En d'autres termes : *Demandez et vous recevrez*, voilà le grand sacrement de la loi nouvelle. En effet, à considérer l'importance que Jésus-Christ y attache, il est impossible de voir là un moyen subsidiaire ou secondaire.

12° L'objet de cette promesse : *Demandez et vous recevrez*, ne comprend pas seulement ce qui est nécessaire à chacun, mais tout ce qui est possible à Dieu, par Jésus-Christ, son Fils. Dieu engage par là toute sa fortune. Ainsi penserait-on à l'École de droit. — D'après le simple bon sens, si un homme possédant cent milliards vous disait : *Demandez, et vous recevrez*, vous auriez droit de lui demander, non pas seulement de quoi vivre, mais les cent milliards. Il en est de même de la société chrétienne, par rapport à Dieu. Dieu lui a promis tout son avoir.

Nota. — Ces idées, ayant été exposées en Angleterre à des prêtres catholiques, ont obtenu un favorable accueil. Mais la vérité m'oblige à dire qu'on a fait des restrictions, par rapport aux conséquences. Quoi qu'il en soit, hommage et cordial remerciement à la noble Angleterre. Je m'expliquerai un jour, s'il plait à Dieu, en tenant compte des observations qui m'ont été faites en tout lieu.

ANNOTATIONS DES ÉDITEURS

La personne même de M. l'Abbé Brière n'est point ici en question. Il s'agit, comme l'on voit, de la valeur de ses doctrines. Les détails suivants, relatifs à la situation présente de notre penseur, ne seront pas néanmoins sans intérêt.

1°

Il y a quatre mois, après avoir assisté aux obsèques de M. l'Abbé Garreau, curé de Verrigny, son ami intime, cet excellent confrère avait envoyé quelques lignes au *Journal de Chartres*. Des habitants de Verrigny, ne voyant point figurer dans ce compte-rendu le nom de M. l'Abbé, se sont aussitôt récriés, et M. Moulins, l'instituteur, que l'on accusait à ce sujet, rédigea pour sa justification, un article que nous avons mission expresse de publier. L'espace nous manque. C'est pourquoi nous ne citons de l'article en question que les lignes suivantes :

« Pour me justifier de la faute que je n'ai pas commise, je tiens à renvoyer à M. l'Abbé éloge pour éloge de la part de son vénérable ami et de toute la population de nos contrées. Il n'est pas temps encore de révéler en quel degré d'estime le regretté M. Garreau avait la science et le mérite de son plus intime. Moi, je n'ajoute qu'un mot. Nous allons avoir à songer prochainement au choix de nos sénateurs : En voilà un. »

Quelque temps après, l'excellent M. Moulins, accompagné de l'un de ses collègues, est allé trouver Monseigneur, au sujet de cette affaire, et *Sa Grandeur a rendu justice aux hautes études auxquelles s'est livré M. l'Abbé Brière. Elle a proclamé que M. le vicaire de Châteauneuf possédait toutes les qualités nécessaires pour faire un sénateur.* Le vénéré prélat a réservé en même temps son dernier mot, et M. l'Abbé, heureux de ces témoignages d'estime, ne le demande point aujourd'hui. Son propre avis, c'est que dans les circonstances présentes, sa candidature ne serait pas prise au sérieux.

<h2 style="text-align:center">2°</h2>

Depuis plusieurs années, M. l'Abbé a pareillement sollicité de l'Évêché l'autorisation qui lui est nécessaire pour subir les examens de la licence en théologie, à Lyon. Il y a deux ans, feu M. l'Abbé Girodon, doyen de la Faculté de théologie de Lyon, a bien voulu faire imprimer le programme des thèses proposées par M. l'Abbé (1) ; lui-même aussi, par l'effet d'une bienveillance insigne, a écrit à l'Évêché, en demandant l'autorisation ici requise.

A cet effet nous prions Sa Grandeur, et au besoin le Saint-Père, de vouloir bien avoir égard à la lettre suivante, qui fut adressée par feu M. l'Abbé Travers, curé de Bonneval, à Monseigneur Maret, doyen de la Faculté de Paris, quelques jours avant le 19 mars 1861.

Monseigneur,

Je suis heureux de vous informer que j'ai vu, ces jours derniers, Monseigneur l'Évêque de Chartres, au sujet des affaires de M. l'Abbé Brière. Sa Grandeur m'a répondu : Puisque M. l'Abbé Brière persiste à vouloir prendre ses grades, je ne m'y oppose pas, car j'ai pour lui un extrême attachement.

Je suis heureux d'ajouter, Monseigneur, que M. le Vicaire de Bonneval est digne à tous égards de votre bienveillance, et j'offre à Votre Grandeur l'hommage de mon profond respect.

TRAVERS,
Curé de Bonneval.

Autre détail plein d'intérêt. En écrivant de Paris à une dame de Bonneval, pour lui faire part de son succès, M. l'Abbé avait prié cette dame de vouloir en informer M. Brière père, alors résidant à Cloyes. La commission fut aussitôt faite. Je ne m'attendais pas, nous disait M. l'Abbé, à un pareil dithyrambe.

(1) *De regalis concedendæ absolutionis.* De l'avenir de l'humanité, d'après Isaïe.

Bonneval, 20 mars 1861.

Monsieur,

Nous recevons à l'instant une bonne nouvelle de Paris... Recevez, Monsieur, mes sincères compliments non-seulement de ce premier grade en théologie que M. l'Abbé vient de conquérir, mais encore de la faveur que le bon Dieu vous a faite de vous donner un fils aussi distingué par les dons de l'esprit et de l'intelligence que par sa bonté de cœur et sa vive piété. Je conçois que vous puissiez souhaiter le voir appelé à un poste plus en rapport avec sa science et son mérite; mais prenez patience, Monsieur, ce temps viendra. C'est une épreuve que Dieu vous a infligée à tous deux, et dont il saura bien vous faire sortir avec honneur (1).

En égoïstes que nous sommes, nous nous applaudissons, mon mari et moi, et toutes les connaissances de monsieur votre fils, d'avoir été favorisés de son séjour au milieu de nous. Soyez bien assuré, Monsieur, que, si la place est petite, nulle part M. l'Abbé ne rencontrera des personnes qui l'apprécieront et l'affectionneront mieux. Tout le monde ici vous dira la même chose.

Veuillez agréer,
Monsieur,
L'assurance de la sincère considération
De votre respectueuse

* * * *

Une copie de la lettre de M. Travers a été adressée de Châteauneuf à l'Évêché l'an dernier. — Une autre copie contenant les deux lettres a été envoyée cette année à Lyon par la mairie de Châteauneuf, comme étant toujours la fidèle expression du sentiment public.

———————

Post-Scriptum. — M. l'Abbé n'entend soutenir présentement aucune espèce d'idées politiques. Ce que nous savons dès aujourd'hui, c'est qu'un des principaux personnages d'Eure-et-Loir lui a fait adresser à ce sujet des compliments sincères, en lui promettant un long entretien, qui doit rouler sur ces matières. Il se peut d'ailleurs, nous disait M. l'Abbé, que mes idées politiques aient besoin de passer par l'étamine, aussi bien que mes idées religieuses. Mais, d'après moi, celles-ci sont la clef de celles-là. Je demande seulement aux plus pressés de suspendre un peu leur jugement.

(1) M. Brière père en est sorti, en effet, avec honneur, en mourant à Cloyes, peu après, de la mort des saints, comme était morte Mme Brière, sa femme.

www.ingramcontent.com/pod-product-compliance
Lightning Source LLC
Chambersburg PA
CBHW050745070726
47597CB00009B/4083